VUE RÉTROSPECTIVE

SUR LE CORPS LÉGISLATIF

VUE RÉTROSPECTIVE

SUR LE

CORPS LÉGISLATIF

PAR

ULYSSE DONZEL

NIMES

IMPRIMERIE ROGER ET LAPORTE

PLACE SAINT-PAUL, 5

1862

VUE RÉTROSPECTIVE

SUR

LE CORPS LÉGISLATIF

Io parlo per ver dire
Non per odio d'altrui, nè per disprezzo.

PETRARCA.

Les discussions qui ont pris naissance au milieu du Sénat et du Corps législatif nous ont présenté un spectacle instructif et curieux sur la marche des institutions politiques de l'Empire.

Inattendu peut-être pour le plus grand nombre des esprits, ce retour des agitations parlementaires avait sa raison d'être bien marquée dans les besoins moraux et religieux du pays, ainsi que dans l'impérieuse nécessité qu'impose l'opinion publique.

La France aime à se connaître et repousse un silence dont l'hypocrisie ou l'absolutisme lui pèsent comme un trop lourd fardeau.

Toutefois, avec le système établi, ce n'est guère de la province que peuvent venir aujourd'hui les manifestations premières de liberté; et cependant ce n'est pas à Paris, mais c'est en province que se trouve la majorité de la France.

C'est donc surtout pour la province ou ses représentants que l'équité demanderait la liberté; mais s'il fallait jeter un regard sur l'état présent de certaines choses en province, et user ensuite du franc-parler de l'homme de cœur et d'expérience, le langage ne serait-il pas ou trop long ou trop vif?

Néanmoins, il est bon d'observer ce qui nous environne et d'en dire parfois un mot.

C'est une ombre qui passe; mais l'existence de l'ombre prouve l'existence de la lumière.

En 1852, j'avais écrit quelques lignes sur les assemblées politiques de l'Empire, alors bien prochain, et ces quelques lignes j'ai l'intention de les faire reparaître comme témoins d'une pensée de prévoyance, justifiée par la réalité pratique d'aujourd'hui.

Depuis le rétablissement de l'Empire, tout le monde sait que la presse, en province, est soumise à des conditions qui, si l'on y réfléchit sérieusement, peuvent renfermer les germes de bien tristes dangers pour le pays.

Au premier abord, l'administration arbitraire paraît être la plus facile; mais comme elle ne saurait être de perpétuelle durée, elle répand naturellement sur l'avenir des semences menaçantes qui n'attendent, pour être fécondées, que les premiers sillons tracés par des révolutions souvent imprévues, mais inévitables.

Ainsi, croyez-vous qu'il soit très-heureux de pouvoir sitôt et si cruellement frapper des réunions de charité comme celles placées sous le patronnage de saint Vincent de Paul? Cette œuvre, d'une divine démocratie, ne devait-elle pas être couverte d'un souverain respect par toutes les aspirations d'un gouvernement populaire? Si l'on a pu, trop souvent, voiler la statue de la liberté, au nom de tous les sentiments, craignez de toucher aux voiles de la charité, cette mystérieuse et angélique personnification du christianisme.

Eh bien ! de ces soupçons, de ces atteintes, qu'est-il arrivé? L'opinion publique, en province, a-t-elle fait retentir la presse? C'est vrai, quelques bruits se sont répandus ; mais qu'ont dit nos journaux ? que pouvaient-ils dire?

Et cependant, M. Guizot a justement écrit : *La France est en même temps catholique et profondément attachée à la liberté religieuse.*

Avec son intelligence supérieure, M. Guizot, quoique protestant, voit bien que le catholicisme est la pierre fondamentale du christianisme, et que le christianisme seul peut sauver la société et l'avenir.

La triple couronne posée sur la tête du Saint-Père est le symbole éclatant de la puissance morale sur les hommes, et le trône où siége la papauté est le plus respectable apanage du monde.

La France le comprend et lui gardera toujours ses hommages les plus sincèrement populaires.

Les écarts d'une ambition étrangère ne doivent point obscurcir, pour nous, les plus purs rayons de la lumière du sens commun.

Croyez-vous donc avoir l'expression vraie de l'opinion de la province, si vous ne tenez un grand compte de la désapprobation du silence?

Mais il y a eu une garantie à Paris ; et dans nos assemblées politiques, plus fortement que dans les mandements si justes de plusieurs de nos évêques, l'on a vu surgir les jugements hardis sur les actes du pouvoir.

C'est aussi de ces assemblées qu'est venue la promulgation si spirituellement oratoire de l'avertissement politique donné à un journal de province, pour la publication d'un article sur les.... engrais.

Quant à moi, j'ai toujours eu espérance et foi dans la France, parce que mon pays tient à l'ordre ; mais qu'il veut aussi sa liberté, cette excellente et véritable garantie des conditions essentielles de la société.

Quel gouvernement n'a pas ses hasards et ses aventures? Mais c'est toujours à lui de chercher simultanément des gages contre l'abaissement de l'esclavage et les déchaînements de l'anarchie.

Aussi, pour cela, il faut écouter sans cesse le langage de l'opinion publique dans sa loyale expression. A-t-on bien prêté l'oreille à tout lorsque tant de bons esprits, dans nos provinces, concevaient de si vives alarmes de cette

guerre d'Italie d'où sont nés tant d'entraîne-
ments pour le moins aventureux ?

C'était dans ce moment décisif qu'il fallait ex-
primer nettement la pensée intime du pays ;
un manifeste clair partant de nos assemblées
politiques aurait indubitablement réagi sur les
événements de l'extérieur ; mais il est des circonstances où, suivant le dicton populaire, on
n'a pas le courage de son opinion ; peut-être
aussi n'y eût-il pas maturité de réflexion et pas
assez de crainte des premiers coups de tam-
bour ?

Nous aimons la gloire de nos régiments ; mais
le véritable honneur national consiste moins
dans les triomphes de Magenta et de Solferino
que dans le rétablissement de nos garanties
d'ordre et de liberté à l'intérieur.

Le poids des lauriers militaires qui environ-
nent la tête de la France ne doit pas la faire
baisser jusqu'à l'oubli de ses droits et de ses
intérêts légitimes.

On a dit avec raison que l'unification de l'I-
talie est une idée anti-française, et le sens moral
recule devant cette effrayante image du royaume
de Naples qui, suivant l'expression de M. Ségur-

d'Aguesseau, s'est transformé en un gâchis de boue et de sang.

Ne craignez-vous pas que sur votre intervention héroïque soit tombée plus d'une farouche malédiction ?

Que de fosses ouvertes avant l'heure ! que de cadavres ! que de fantômes peuvent entourer notre responsabilité politique ! car la réalité des choses est la base redoutable des jugements véridiques.

Loin de moi l'esprit de parti ; je n'ai que le culte de l'esprit de la France et de l'humanité.

Mais raisonnons froidement et ne jugeons la situation que d'après les règles ordinaires de la logique et la connaissance pratique des faits humains ?

Pour le présent, que pouvons-nous penser de cette diplomatie incertaine et flottante qui semble cependant chercher l'immobilité bien difficile, lorsque de tous côtés le mouvement nous environne ?

Mais l'action lente et sourde ne rencontre pas toujours des instants favorables, et le temps qui vivifie est aussi le temps qui donne la mort.

En restant silencieusement l'arme au bras, quand partout sont des bruits de guerre, que les menaces d'envahir Rome où flotte notre drapeau, remplissent et Gênes et Turin, ne craignez-vous pas de beaucoup trop encourager des prétentions ennemies ?

Consultons l'expérience du passé ; elle donne de sûrs avertissements pour arriver à une pleine activité qui seule peut arrêter ce torrent avançant toujours malgré nos résolutions si bien promises.

La diplomatie intelligente et utile ne saurait vivre d'astuce seulement ; car nous sommes dans des temps où les ébranlements sociaux réclament les soutiens de la vérité.

Ce serait un malheur pour tous si nous étions réduits à voir réaliser aujourd'hui cette définition moqueuse de la politique par un homme d'esprit : « La politique, même dans les gouvernements représentatifs, est *ce qui ne se dit pas.* »

Alors il faut le faire dire *ce qui ne se dit pas.*

En effet, le principe de notre gouvernement, basé sur la volonté du peuple, implique nécessairement l'approbation par le peuple des actes du gouvernement, et la notoriété de ces actes, qui devient indispensable, appelle, par analogie évidente, la connaissance des intentions du gouvernement.

Ceci demande une politique à plein jour; c'est là d'ailleurs la bonne politique.

Est-il croyable que nous soyons intéressés à voir surgir, à nos portes, une puissance compacte de 25 millions d'hommes, au milieu desquels souffle déjà, pour aller toujours en grandissant, l'influence de l'Angleterre?

L'Angleterre n'a-t-elle pas toujours été notre rivale ou notre ennemie? La France et l'Angleterre, c'est Rome et Carthage.

L'Angleterre est venue s'associer aux affaires d'Italie pour détruire ce qu'avait fait la vaillance de nos soldats. L'Angleterre veut par son or et ses ruses aplatir nos balles et nos boulets; elle vient labourer sur les tombes de nos braves pour y récolter des primes qui enrichiront son commerce.

Que fait-il à l'Angleterre si Victor-Emmanuel, cet héritier de l'antique maison de Savoie, tombe du trône de Turin dans la propagande de Bertani? Victor-Emmanuel étant soutenu par Napoléon, l'Angleterre sourirait à sa chute.

Ne vous y trompez pas, de tous côtés s'élèvent des craintes naturelles.

Ainsi la Grande-Bretagne est fanatiquement anti-papiste, mais la France est loyalement la fille aînée de l'Eglise; prenez-y garde.

Ne trébuchons pas sur le sentier glissant que nous arrange la jalousie britannique; ne nous préparons pas de lamentables déceptions.

Pour cela donc, ayons cette conscience de liberté qui tend à l'exposition vraie de la pensée nationale et au besoin de faire triompher nos sympathies les plus légitimes.

Que la province aussi fasse entendre sa voix.

Nous savons bien que la province n'obtient pas toujours ce qui lui serait légitimement dû.

C'est Paris qui nous domine, c'est Paris qui a reçu toutes les flagorneries de la fortune, du pouvoir et de l'esprit.

Ainsi Heine n'a pas cru commettre une rare impertinence en disant : « Par la France j'entends Paris et non pas la province; car ce que pense la province importe aussi peu que ce que nos jambes pensent. C'est la tête qui est le siége de nos pensées. »

C'est un mensonge; plus que Paris, la province, malgré son sommeil apparent, est la véritable France ; écoutez ses avis.

Pour tous, il y a des temps rudes, et la

fortune a, dans le passé , frappé des coups redou-
tables.

Quel est, dans les océans lointains, ce symbole
éternel de Sainte-Hélène?

Si le géant des combats et de l'intelligence
n'a pas connu la route qui devait le conduire
à l'exil : combien d'autres ne peuvent-ils pas
se tromper?

Le génie se méprend aux choses les plus
simples.

L'intervention de nos armes victorieuses ne
devait-elle pas fomenter inévitablement ces au-
dacieux et universels bouleversements, où se
propage et grandit l'ambition piémontaise?

Plus de confédération italienne : le traité de
Villafranca est anéanti : Rome, cette capitale du
catholicisme, doit se courber sous Victor-
Emmanuel ou Mazzini ! Ce n'est plus de l'indépendance, mais de l'unification probablement
fantaisiste de l'Italie qu'il s'agit ; les problêmes
politiques sont changés.

En effet, la confédération des nationalités
italiennes, voilà ce que demandent la nature,
le caractère, l'histoire et la véritable utilité de
l'Italie pour assurer son indépendance.

Ce n'était pas sans perspicacité que la plume

de Cormenin écrivait ceci : « L'Italie perdrait
» à l'assemblement de ses Etats, sous une seule
» loi, sous un seul gouvernement, sous un seul
» chef. Elle y perdrait l'originalité de sa phy-
» sionomie, la grâce de ses mœurs, la vivacité
» de ses mouvements, la brillante fécondité de
» son histoire, la richesse et la variété de ses
» aspects intellectuels et artistiques, la majesté
» de ses ancêtres et le culte héroïque de leurs
» souvenirs. L'Italie ne veut pas de cette unité-
» là ; l'Italie n'en a pas besoin ; l'Italie restera
» ce qu'elle est, diverse sans cesser d'être une :
» sarde, romaine, florentine, napolitaine par
» la naissance ; mais par la langue, par la re-
» ligion, par le génie, par les sympathies, par
» les antipathies, par le cœur, par la volonté
» de s'appartenir et d'être éternellement unie,
» italienne, toujours italienne. »

Ces idées sur l'Italie sont vieilles et vraies, et
les bons esprits adoptent l'exactitude de cette
appréciation ; mais, à travers tant de vicissi-
tudes et tant de déchirements politiques, où
est nettement l'esprit de notre pays ? où paraît
sûrement la volonté de la France, se manifes-
tant surtout par la voix de ses provinces ?

Hélas ! ce n'est point parmi nous que se révèlent des signes éclatants ; tout est presque mort en province : l'effrayant égoïsme fait naître le sommeil. L'indifférence, trop constatée dans l'application du suffrage universel, pouvait-elle faire entendre à Paris le puissant et vigoureux écho de la pensée provinciale ?

Ce résultat devait bien paraître incertain, et cependant Dieu, qui toujours protège la France, a jeté des rayons lumineux et providentiels au sein du Sénat et du Corps législatif, pour éclairer ces obscures questions du moment.

La conscience publique a tressailli en voyant briller les étincelles du foyer sacré de nos pères, et nous avons senti palpiter encore le cœur de la liberté française.

C'est un nouvel enseignement qui ne doit point être perdu pour le pays, et qui démontre qu'en aucunes circonstances l'on ne devrait abandonner l'exercice de ses droits, mais qu'il faut toujours poursuivre, sous tout régime et sous toute dynastie, la mission de défendre la justice et la liberté.

Convenons d'ailleurs qu'il n'est pas besoin d'une rare finesse d'esprit et d'une grande pénétration pour comprendre que le génie de la liberté française conservera toujours son caractère de naïf abandon et sa confiance éternelle au retour nécessaire de nos vieilles et instinctives franchises nationales.

Dans notre atmosphère politique, le ciel peut s'assombrir, la tempête éclater, mais toujours reviendra le lumineux azur du firmament et les doux rayons du soleil de France.

Parmi les bouillonnements écumants de nos révolutions, le caractère français est, si j'ose le dire, comme la source de l'Aréthuse antique qui, après avoir traversé les eaux amères de l'Océan, conservait encore sa douceur première.

La tristesse qui naît souvent du fonds sérieux des affaires a besoin quelquefois de se reposer sur les formes de l'idéal.

Le sang, les prisons, la servitude ne détruiront jamais notre fécondité nationale de liberté traditionnelle.

L'Empereur a trop d'intelligence pour ne pas le savoir comme nous, et sur le bandeau de sa couronne est empreinte profondément l'image de nos destinées.

La patrie demande la vérité ; l'Empereur ne la refusera ni pour elle, ni pour lui : c'est l'intérêt commun.

Honneur donc maintenant au droit de siéger

dans des assemblées où tout n'est pas soumis au règne de la force !

Il ne faut pas que l'on s'y trompe, il n'y aura de bon système politique en France aujourd'hui qu'autant qu'il reposera sur la volonté vraie du pays ; il importera donc toujours de recourir aux garanties nécessaires pour trouver l'expression légitime de cette volonté.

Ainsi, c'est vers l'indépendance, la franchise et la loyauté des élections, par le suffrage universel, qu'il y a des chances de salut pour tous depuis 1848.

Donc, si la morale n'est pas un vain mot, malheur à ceux qui regarderaient comme chose indifférente de violer cette indépendance, cette franchise, cette loyauté.

Dans des temps où d'autres troubles que ceux d'aujourd'hui nous préoccupaient encore, ma plume avait cru devoir noter rapidement dans un journal de province, la *Gazette du Bas-Languedoc*, quelques aperçus sur la mise en exercice de la Constitution impériale.

A cette époque, voisine du 2 décembre (c'était le 25 et le 27 juin 1852), quelques personnes semblaient voir de la hardiesse à formuler ainsi des conjectures sur les résultats qui surgiraient un jour dans nos assemblées politiques par suite des lois immuables de la logique; on prétendait alors que tout devait plier sous le joug fatal d'une tyrannie inflexible.

C'était une erreur. Pourtant il fallut renoncer à la publication d'un troisième article.

Mais la Providence des nations a des ressources infinies pour consoler et relever le cœur des hommes. Les brusques entreprises ne sont pas l'anéantissement du droit, au sein duquel il est permis de se réfugier comme dans la seule citadelle inexpugnable.

Au milieu de mes tristesses profondes, et pour tromper des deuils et des peines qui ont brisé mon cœur, je cherche un asile dans mes souvenirs et m'étudie à les faire revivre.

Ainsi, en entendant ces mouvements encore ondoyants des flots qui ont agité le Sénat et le Corps législatif, il m'a semblé bon de faire reparaître ces deux pauvres petits articles de juin 1852, privés de leur troisième frère, mort avant jour, et, par cette publication rétrospective, de montrer à quelques amis qu'il ne faut jamais désespérer ni croire à un asservissement sans retour.

Que le droit soit notre boussole jusqu'au moment où pour nous s'ouvrira la tombe.

La vérité est toujours utile pour le pays, si non pour ceux qui la disent.

Voilà, ce semble, une bien innocente théorie de province, et c'est sur elle que repose le trop léger fondement de la seconde édition des deux articles qui suivent et qui sont extraits de la *Gazette du Bas-Languedoc.*

Bien probablement ces articles n'auront pas plus de succès qu'ils en ont eu il y a dix ans, mais je les livre sans peine aux chances de l'obscurité, ou d'une critique peu favorable, en me consolant par l'illusion de remplir ainsi une sorte de devoir envers notre pays, auquel appartient toute ma vie.

Nimes, le 25 juin 1852.

« En installant les nouveaux corps constitutionnels, le Président de la République s'est lui-même démis de la dictature que lui avaient donnée les circonstances extraordinaires de décembre.

» La Constitution, récemment promulguée, ne peut être considérée que comme une œuvre sérieuse, et les pouvoirs organisés par elle sont appelés à fonctionner pour les affaires du pays, en respectant les limites qui ont été assignées, ni en-deçà, ni en-delà, mais en exerçant les droits et en se soumettant aux obligations établies par la Constitution ; telle est la loi consciencieuse, morale et sociale du Sénat et du Corps législatif.

» Pourquoi donc cet empressement à vouloir, dès-à-présent, réduire pour ainsi dire à néant ce Corps législatif dont les membres doivent au moins représenter la pensée constitutionnelle du pays, et se rendre, autant que possible, l'écho réfléchi des votes issus du suffrage universel ? D'où viennent ces discussions restrictives des attributions légalement faites à des hommes qui jusques ici ne peuvent être accusés d'avoir outrepassé le mandat qui leur a été donné.

» La méfiance que la polémique de différents journaux tendrait à faire naître contre le Corps législatif est parfaitement inutile. La composition de cette assemblée offre certainement au pouvoir toutes les garanties désirables pour le maintien de l'autorité et de l'ordre nécessaire à la société. Pendant six ans, ce Corps législatif doit faire partie des conseils de l'Etat ; à ce titre, sa mission est d'écouter et de faire entendre ce que réclament l'instinct et l'intelligence vraie de la nation française, de cette nation souverainement impressionnable qui plie la tête sous le maître qu'il lui plaît d'accepter, se courbe sans résistance pour recevoir le joug qu'il croit utile ; mais dont la nature est aussi de ne pouvoir abdiquer les sentiments intimes d'une libre fierté et les traditions antiques de ses franchises originaires ; jamais la France ne sera la Turquie ; c'est ce qu'a compris le président de la République pendant qu'il a eu entre ses mains ce redoutable arbitraire que les circonstances lui avaient donné et qui prit fin lorsque la Constitution fut mise en vigueur.

» Ainsi ont été conjurés les périls qui pouvaient menacer l'existence entière de la société. Mais aujourd'hui les feux du volcan sont éteints ; les sombres inquiétudes ont fait place à la sécurité ; les excès de la licence n'autorisent plus l'existence de l'arbitraire ; notre organisation constitutionnelle doit recevoir son entier développement ; c'est l'intérêt de tous ; c'est le besoin du pays ; c'est la nécessité légale ; c'est la garantie de l'avenir ; c'est la transaction rationnelle des révolutions ; c'est le retour inévitable aux lois essentielles de toute société régulière ? Car, malgré tout ce que peuvent dire M. Delamarre et ses adhérents, il serait impossible de croire que l'habileté éprouvée du Prince-Président eût voulu que la France fût placée, désormais, dans une situation telle que chacun de nous fut comme ce visir qui rendait, tous les jours, grâce à Sa Hautesse de ce qu'elle lui laissait encore la tête sur ses épaules !

» Dans un prochain article nous essaïerons d'indiquer quelle peut être la nature de l'*opposition* dans les corps délibérants. »

Nimes, le **27** juin 1852.

« A peine avions-nous écrit nos premières
observations sur l'intervention légale, consciencieuse et inévitable du Corps législatif dans les
affaires du pays, que nous avons pu voir, par
le rapport sur le budget de 1853, combien nos
aperçus étaient d'accord avec l'esprit qui, par
la nature des choses et l'effet des attributions
constitutionnelles, pénétrera et se développera
nécessairement dans cette Assemblée.

» La nomination des députés a été évidem-
ment le résultat de l'influence du gouvernement,

et le personnel de cette chambre offre un ensem-
ble qui laisse peu à désirer quant aux garanties
d'ordre matériel et de répulsion contre toutes
les menaces anarchiques de révolution sociale ;
ce qui pourrait encore manquer à cette réunion
et dont la présence déterminerait encore mieux
le caractère futur de notre parlement, ce sont
les talents reconnus, les capacités avérées.

» Parmi ces nouveau-venus surgira-t-il une
puissance intellectuelle dont l'action vienne re-
muer, captiver, diriger ces hommes auxquels
la Constitution a donné mission de discuter
librement les lois ? La destinée du Corps législatif dépend des membres qui le composent ;
à lui peut s'appliquer le vieux proverbe : tant
vaut l'homme, tant vaut la terre.

» En effet, la prérogative parlementaire a été
profondément modifiée ; mais elle n'est point
anéantie, elle est trop conforme à nos habi-
tudes, à nos antécédents, à notre utilité ; c'est
la soupape qui, bien tenue, évite les explosions
à la machine sociale.

» Voilà pourquoi nous ne croyons pas devoir
garder le silence dont plusieurs de nos amis
ont cru meilleur de s'imposer la loi ; nous le
comprenons, c'est une matière difficile : mais

des appréciations faites loyalement peuvent éclairer et développer les notions exactes du nouveau mécanisme constitutionnel dont le but est de donner à notre patrie des *jours calmes et prospères.*

» La charte napoléonienne n'a pas voulu créer une école de servitude, elle n'a pas dit que le rôle de l'Assemblée législative serait réduit à un mutisme absolu, à une nullité entière, à l'obligation radicale d'accepter les décisions du conseil d'Etat; au contraire, cette charte proclame le droit de discuter librement, elle sanctionne ce droit par la faculté d'adopter ou de repousser les lois présentées. La justice, la raison, l'utilité publique ont devant elles la voie d'une opposition légale; l'examen est un devoir et c'est l'Assemblée qui est juge des limites de de la discussion.

» Ces choses étaient impliquées logiquement dans l'organisation du Corps législatif; car, à moins de vouloir jouer une triste comédie, pourquoi réunir les députés élus par le suffrage universel, s'ils n'eussent eu que l'obligation de mettre une boule blanche dans l'urne ?

» Et cependant, à entendre l'opinion de plusieurs personnes, on devrait seulement admettre cette croyance, qu'au Corps législatif il ne pourrait appartenir qu'inertie et impuissance; on voudrait ainsi confondre cette assemblée avec le Corps législatif muet tel qu'il était sous l'Empire ; d'une part, combien les temps sont différents, et d'autre part, les attributions de ces deux assemblées aussi ne sont pas les mêmes.

» Oh ! certainement l'expérience a démontré que, contre les tempêtes imminentes, la majorité du pays laisse facilement mettre toutes les voiles de l'arbitraire; mais lorsque la fortune nous ramène le calme de l'ordre et de la sécurité, telle est la disposition de notre France, qu'elle s'éprend d'amour pour la liberté, qu'elle repousse tout ce qui sentirait la contrainte qu'elle veut des assemblées *conservatrices* et *salutaires*, mais indépendantes; et qu'en acceptant les conditions vitales du pouvoir, elle rappelle les exemples du passé, demande l'exécution franche du pacte fondamental; et son génie monarchique, qui s'était avancé dans les siècles en compagnie des anciens parlements où se conservait toujours le feu sacré des libertés nationales, fait encore briller à nos yeux l'espoir de retrouver dans nos chambres actuelles les mêmes traditions.

» Nous ne devons donc jamais déserter la défense des droits légitimement acquis à l'organisation ou à la représentation de la société, tant dans la chambre des députés que dans les conseils secondaires de nos départements et de nos communes. Ce ne serait ni juste ni politique. »

Nimes. — Imp. Roger et Laporte, place Saint-Paul.